우리는 꿀벌과 함께 자라요

첫 번째 찍은 날 | 2017년 3월 23일
두 번째 찍은 날 | 2018년 6월 5일

기획 어반비즈서울 | 그림 김도아 | 글 김단비
펴낸이 이명희 | 펴낸곳 도서출판 이후 | 편집 김은주, 위정은
표지 및 본문 디자인 | (주)끄레 어소시에이츠

글 ⓒ 김단비, 2017
그림 ⓒ 김도아, 2017

등록 | 1998. 2. 18.(제13-828호)
주소 | 10449 경기도 고양시 일산동구 호수로 358-25(동문타워 2차) 1004호
전화 | (영업) 031-908-5588 (편집) 031-908-1357 팩스 02-6020-9500
블로그 | blog.naver.com/dolphinbook
페이스북 | facebook.com/smilingdolphinbook

ISBN | 978-89-97715-45-9 77810

이 도서의 국립중앙도서관 출판시도서목록(CIP)은
e-CIP 홈페이지(http://www.nl.go.kr/cip.php)에서 이용하실 수 있습니다.
(CIP 제어번호: CIP 2017004408)

이 책은 저작권법에 의해 보호를 받는 저작물이므로 무단 전재와 복제를 금합니다.
한국출판문화산업진흥원의 출판콘텐츠 창작자금을 지원받아 제작되었습니다.

꽃의 걸음걸이로, 어린이와 함께 자라는 웃는돌고래
웃는돌고래는 〈도서출판 이후〉의 어린이책 전문 브랜드입니다.
어린이의 마음을 살찌우고, 생각의 힘을 키우는 책들을 펴냅니다.

어린이제품안전특별법에 의한 제품 표시

제조자명 도서출판 이후 | 주소 경기도 고양시 일산동구 호수로 358-25(동문타워 2차) 1004호
전화번호 031-908-5588 | 제조년월 2017년 3월 | 제조국 대한민국 | 사용연령 만 5세 이상

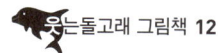

초등학생 봉식이의 달콤한 도시 양봉 이야기

우리는 꿀벌과 함께 자라요

기획 어반비즈서울 | 그림 김도아 | 글 김단비

어린이 도시 양봉가 봉식이

내 이름은 봉식이에요.
'봉'이라는 한자를 한글로 풀이하면 '벌'이에요.
그래서인지 어릴 때부터 벌이 참 좋았어요.
선생님이 "학교 옥상에서 같이 벌 키워 볼 사람?" 하셨을 때도
제일 먼저 손을 들었죠.

시골 학교냐고요?
아니에요, 도시에 있는 학교예요.

벌에 쏘이면 어쩌나, 벌들이 교실로 들어오면 어쩌나, 걱정도 돼요.
그래도 엄청 재미있을 것 같아 기대가 돼요.
초등학교에서 벌을 키우면 어떤 일들이 벌어질까요?

벌들을 맞이할 준비를 해요

먼저 벌통을 만들어요.
뾰족 지붕 벌통, 로봇 모양 벌통, 커다란 꽃 모양 벌통,
어떤 모양이든 상관없어요. 속만 비어 있다면요.
친환경 페인트로 신나게 그림도 그려요!

벌통은 아침 햇살이 잘 드는 곳에 두는 게 좋아요.
그래야 벌들이 알맞은 때에 하루를 시작할 수 있어요.
한여름엔 너무 뜨겁지 않게, 한겨울엔 너무 춥지 않게 해요.

우리는 학교 옥상에 벌통을 두기로 했어요.
벌에 쏘이는 아이들이 없어야 하니까요.
도시 양봉은 '안전'도 아주 중요하답니다!

깜깜한 밤에 벌들을 데려와요

벌통이 준비되면 벌을 데려와야 해요.
벌을 데려오는 건 도시 양봉가 선생님께 도움을 받았어요.
선생님은 멀리 강원도에서 토종벌을 데려오셨지요.
일 나갔던 벌들이 다 돌아온 뒤에 벌통을 옮기느라
깜깜한 밤에 움직여야 했어요.

이제 우리 학교 옥상에서 벌들이 알을 낳고, 애벌레를 기르고, 꿀을 따겠지요?
벌들이 새집을 마음에 들어 하면 좋겠어요!

3월의 양봉 일지

벌들은 꽃가루랑 꿀을 먹고 산다.
3월엔 꽃이 별로 안 피어서 벌들에겐 춥고 배고픈 달이다.
꿀을 다 팔아 버린 양봉가들은 이맘때쯤 설탕 시럽을 주기도 한다.

벌들이 꿀을 따 오는 식물, '밀원식물'에 대해 배웠다.
우리나라에 자라는 식물은 모두 4천 6백 종쯤 되는데,
그 가운데 꿀을 얻을 수 있는 식물이 6백 종쯤 된다.
벌을 키우는 일은 곧 꽃을 가꾸는 일이란다.

또 한 가지 중요한 사실!
이제부터 꿀벌을 공격하는 작은 벌레 '응애'가 생기지 않는지 살펴야 한다.

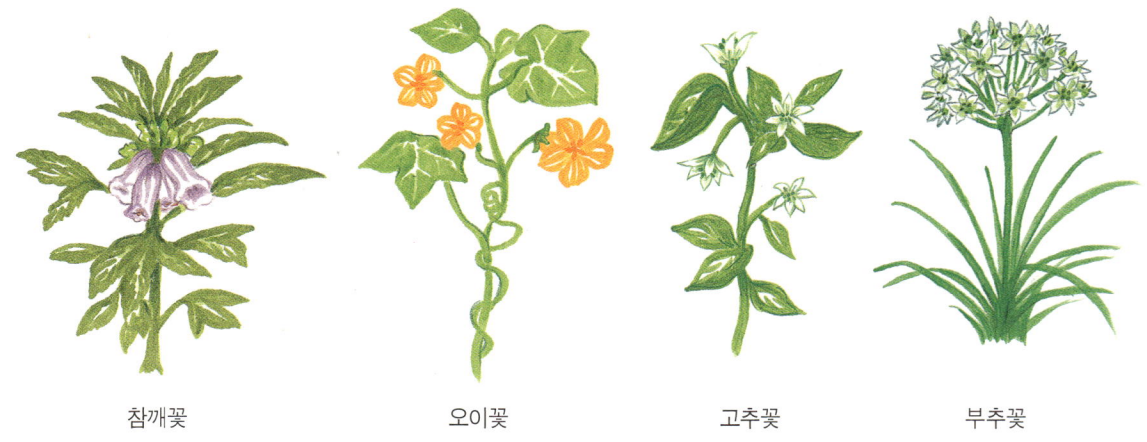

참깨꽃　　　오이꽃　　　고추꽃　　　부추꽃

4월의 양봉 일지

봄이 되었지만 아침저녁으로 쌀쌀하다.
일교차가 심해서 벌들도 힘들어 한다.
그래서 겨울보다 오히려 봄에 보온을 더 신경써야 한다.
4월 말쯤 벌통에 둘러 두었던 겨울용 천을 벗겨 주었다.
완전히 따뜻해지기 전까지는 벌들이 드나드는 문을
2센티미터 정도만 열어 두는 것이 좋다.

바람은 살랑살랑, 햇살은 반짝반짝, 꽃들은 활짝!
벌들이 행복해 보여서, 나도 행복하다!

호박꽃 　　　　　　　　해바라기

우주인이 된 것 같아요!

벌을 보려면 특별한 옷을 입어야 해요.
위아래가 쭉 이어진 데다 얼굴도 가리는 옷이에요.
입는 것도 힘들고 입으면 좀 덥긴 해도 난 이 옷이 맘에 들어요.
꼭 우주인이 된 것 같거든요.

벌을 돌보기 위해 변신!

방충복
벌들이 옷 속으로 들어오지 못하게 막아 줘요. 너무 딱 맞는 것보다는 조금 헐렁한 것이 좋아요. 옷을 입을 때는 다리부터 끼고, 그다음에 지퍼를 올려요. 벌들이 안으로 들어오지 못하게 아래를 잘 여며야 해요.

장갑
소매 위까지 올라오게 껴야 해요.

장화
바짓단 위에 신어야 해요.

벌통 속은 멋져요!

벌통 뚜껑을 열면 벌들이 붕붕 날아 올라요.
훈연기로 연기를 폭폭 피우면 벌들이 얌전해져요.
꿀이랑 꽃가루는 충분한가, 여왕벌은 잘 있나 살펴 봐요.
벌통을 열 때마다 콩닥콩닥 가슴이 뛰어요.

카메라
다음 해 양봉에 참고할 사진을 찍어요. 일지도 쓰고요. 사진은 스마트폰으로 찍어도 좋아요.

내검 칼
벌집 내부를 검사할 때 쓰는 긴 칼이에요.

벌들이 사는 집을 들여다보면

벌통 하나에는 보통 1만 마리에서 2만 마리 정도 되는 벌들이 살아요. 때로는 5만 마리까지 살기도 해요.

벌이 아무리 많아도 여왕벌은 딱 한 마리, 수벌은 벌통 안에 있는 벌의 10퍼센트쯤 된대요. 나머진 모두 일벌이에요. 그러니까 벌통에는 여자들이 엄청 많은 거예요.

우리 반 여자애들 생각해 보면, 아이고, 무서워라!

여왕벌 하루에 알을 3~5천 개쯤 낳아. 내 5년 평생 동안 낳은 알들이 얼마나 많을지 상상이 되니? 난 한 백만 개쯤 세다가 포기했다니까.

수벌 일벌들보다 몸집이 커서 한눈에 알아보겠지? 여왕벌만 바라보며 단 한 번 여왕벌의 처녀비행에 함께할 날을 기다려.

일벌 내 40일 평생 동안 정말 열심히 꿀을 모아. 다 모으면 5그램 정도. 그러니까 사람들아, 꿀 먹을 때 제발 좀 고마워하면서 먹어 주라!

애벌레 우리는 꿀도 먹고 꽃가루도 먹어. 꿀은 하루에 100밀리그램, 꽃가루는 300밀리그램쯤.

벌집 일벌들이 뱉어낸 밀랍으로 만들어.

알 따뜻한 온도를 좋아해. 그래서 유모벌들은 늘 36도를 유지해 주려고 애쓰지.

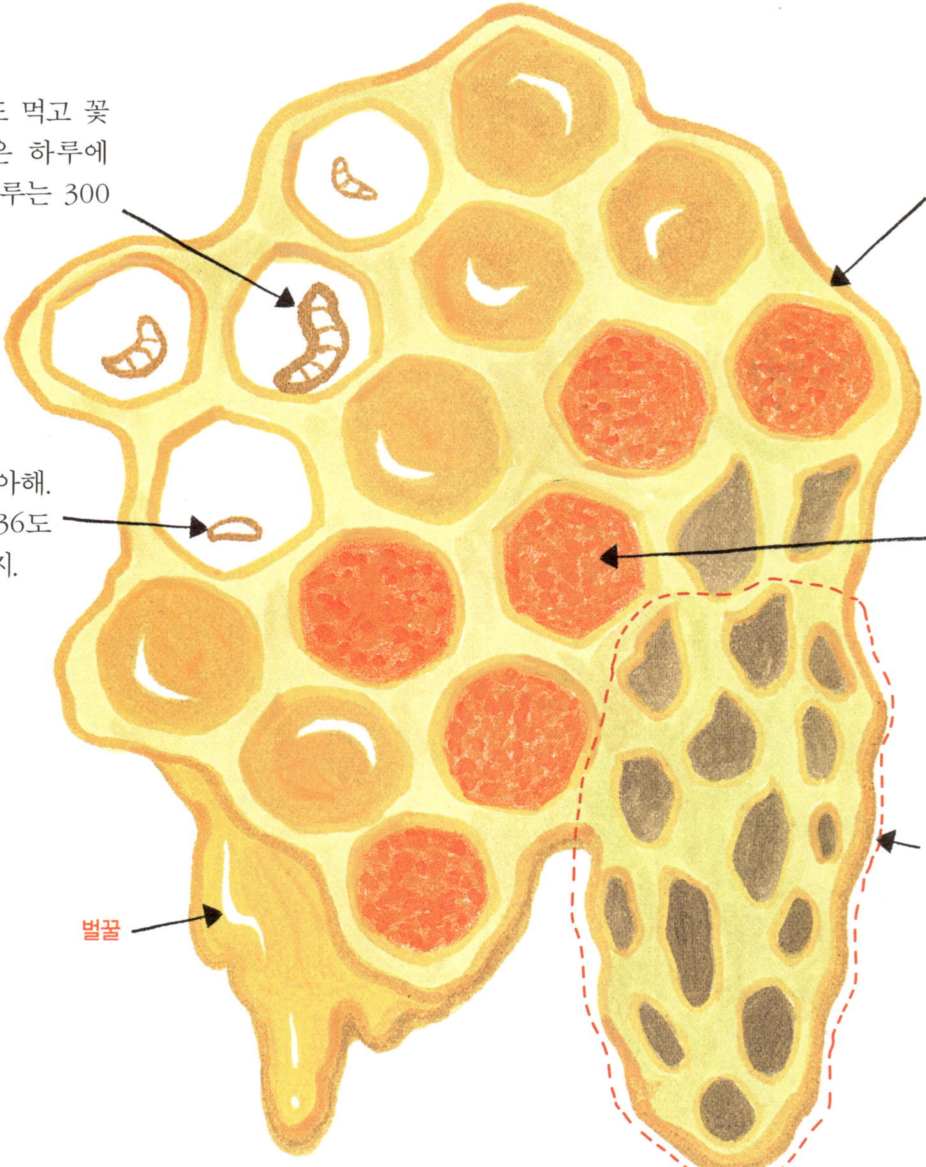

꽃가루

벌꿀

왕대 새로운 여왕벌이 자라고 있는 왕대야. 일벌들이 로열젤리를 먹여서 키우는 중이야. 그대로 두면 새 여왕벌이 벌들을 데리고 나갈 수도 있으니, 잘라 내야 해.

일벌의 일생

알 엄마(여왕벌)가 알을 낳으면 3일 안에 깨어날 수 있어.

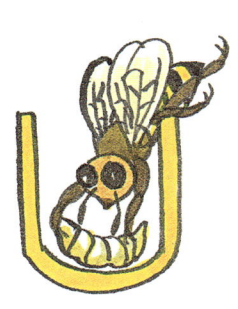
유모벌 나는 하루에 동생을 1천 3백 번쯤 들여다봐. 2천 7백 85마리쯤의 자매들이 함께 알들을 돌보지.

번데기 엄청 먹어 대던 애벌레는 번데기가 되면 뚜껑을 덮어. 번데기는 스스로 실을 자아내서 자기 몸을 감싸지.

갓 태어난 일벌 난 이제 막 알을 깨고 나왔어. 내가 맨 처음 만나는 건 엄마가 아니라 언니들!

청소벌 금방 내 동생이 방을 떠났어. 깨끗이 청소하고 엄마가 새 동생을 낳길 기다릴 거야.

물 담당 벌 난 물을 모으는 벌이야. 우리도 물 없이는 못 살거든.

꽃가루 수집벌 꽃가루 때문에 뒷다리가 엄청 무거워. 비켜, 얼른! 꽃가루 방에 내려놓고 발효도 시켜야 해.

온도 조절 벌 더울 때는 벌집 온도를 낮추려고, 추울 때는 벌집 온도를 높이려고 열심히 날개를 떨어. 늘 32도에서 36도를 유지해!

꿀 나누는벌 나는 한 번 나가면 5천에서 2만 송이쯤 되는 꽃을 찾아 다니며 꿀을 모아. 하루 종일 0.4그램 정도 꿀을 가져와. 집에서 기다리는 벌에게 신선한 꿀을 맛보여 주기도 해.

문지기 벌 태어난 지 40일이 넘으면 나는 곧 죽어. 죽기 전까지 말벌로부터 우리 꿀을 보호한 다음, 집에서 멀리 떨어져서 숨을 거둘 거야. 그래야 내 몸을 치우느라 동생들이 고생하지 않을 테니까.

벌들이 집을 나갔어요!

큰일 났어요!
식구가 많아진 탓에 벌들이 집이 좁다 싶었는지
몰래 여왕벌을 키워 한꺼번에 집을 나갔어요!

다행히 학교 옆집 석류나무에 주렁주렁 매달려 있었어요.
집주인 아주머니가 벌 떼를 보자마자 전화를 해 주셨지요.
학교 주변 곳곳에 포스터를 붙인 덕분에 바로 연락이 닿았어요.

벌들아, 인사도 없이 그렇게 집 나가면 정말 곤란해!

5월의 양봉 일지

오늘도 벌에 쏘였다.
처음 쏘였을 땐 아파서 울었는데, 몇 번 쏘이니까 아무렇지도 않다.
면역력이 강해져서 그런 거란다.
양봉반은 벌 키우기 전에 병원에서 벌 알레르기 검사를 받기 때문에 아무 문제없다.

5월은 양봉가들이 가장 긴장하는 달이다.
이맘때 벌들이 집을 나가는 일이 종종 생긴다.
못 찾으면 아까운 벌들을 잔뜩 잃는 것은 물론이고,
난데없는 벌 떼를 보고 놀란 이웃들에게 항의도 받게 된다.
그러니 미리미리 사람들에게 양봉반의 활동을 알려 두어야 한다.

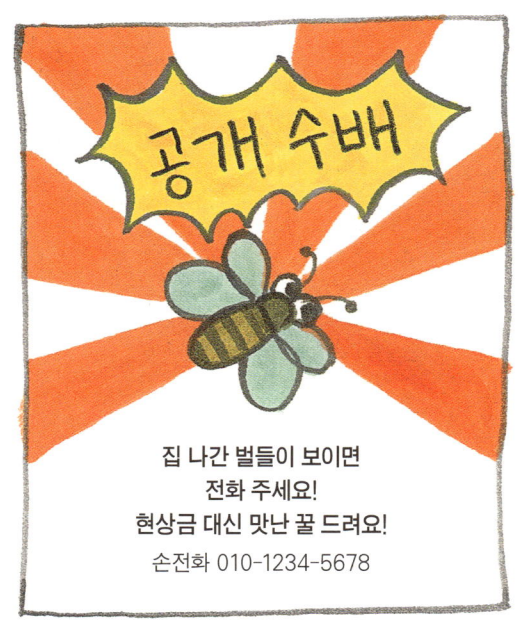

6월의 양봉 일지

날씨가 점점 더워진다.
벌들이 목마르지 않게 마실 물을 늘 채워 줘야 한다.

벌통을 들여다보는 일에 점차 익숙해지고 있다.
여왕벌이 건강한지, 알은 잘 낳고 있는지,
응애가 많아지지 않았는지 잘 살펴야 한다.
토종벌들은 서로에게 붙은 응애를 떼어 주기도 하지만, 응애 수가 많으면 곤란하다.
꿀과 꽃가루를 보관할 공간이 넉넉한지, 아파서 가만있는 벌들은 없는지도 살펴본다.

또, 장마철이 시작되면 먹이가 모자라지 않는지도 잘 살펴야 한다.
양봉반은 벌들이 병에 걸리지 않게, 건강하게 살도록 도와야 하니까!

친구들이 달라졌어요!

까불이 창식이는 교실에서 10분마다 자리에서 일어난다고 별명이 '또야?'였대요.
벌을 돌보기 시작한 뒤로 창식이가 얼마나 달라졌는지 몰라요.
가만히 집중해서 벌통을 들여다보는 창식이를 보더니,
창식이 엄마는 눈물을 글썽이기까지 하던걸요!

운동을 엄청 잘하고 씩씩한 용대는
다른 친구를 놀리고 괴롭힌다고 별명이 '헐크'였어요.
그런 용대가 벌들을 돌보면서 얼마나 부드러워졌는지 몰라요.

새침하게 잘 토라져서 말 한번 걸기 힘들었던 선희는 또 어떻고요.
뭐든 제 하고픈 대로만 하겠다 고집 부리는 통에 별명이 '혼자만'이었어요.
선희가 얼마나 다정해졌는지,
다른 애가 전학 온 건 아닌가 싶어 우리도 놀란다니까요.

양봉반 친구들이 너무 멋져서,
친구들 생각하면 제 가슴이 다 뻐근할 지경이에요.
이렇게 재미있는 학교 양봉을 위험하다는 이유로
못 할 뻔했으니 에휴.

7월의 양봉 일지

벌통이 찜통일까 걱정이 많이 된다.
여름이 되자 옥상이 많이 뜨겁다.
그늘막을 해 주고, 물도 뿌려 주는데 더운 건 어쩔 수 없다.
벌통 속은 온도 낮추려는 일벌들의 붕붕 날갯짓 소리로 분주하다.
벌들이 이 여름을 잘 이겨 내기를!

앗차, 하는 사이에 벌들이 마실 물통에 물이 떨어진 적이 있다.
목 마른 벌들이 학교 수돗가에 떼로 몰려갔다.
축구하던 형들이 수돗가에 갔다가 기겁을 했다.
벌들이 마실 물에 더 신경을 써야겠다.

8월의 양봉 일지

벌들이 덜 움직이는 한여름이고, 방학이기도 해서
2주에 한 번 정도만 벌통을 확인한다.
응애도 살피고, 꿀 딸 준비도 시작해야 한다.
꿀에 어떤 이름을 붙일지, 꿀병은 어떻게 디자인할지 고민이다.

벌통 입구에 수벌 시체들이 쌓이기 시작했다.
일벌들이 식량만 축내는 수벌들을 내다 버리기 시작한 거다.
태어나서 평균 90일, 여왕벌과 짝짓기하는 하루를 위해 살아가는
수벌이 좀 가엾단 생각이 든다.

드디어 말벌이 나타났다.
말벌은 새끼를 낳을 때가 되면 단백질이 필요해서 꿀벌을 찾아온다.
꿀벌 애벌레를 노리는 거다.
말벌 끈끈이에 수십 마리가 붙어 있는 걸 보면 말벌을 죽이는 마음이 썩 좋지는 않지만,
꿀벌을 지키려면 어쩔 수 없다.

꽃이 있어야 벌이 살아요

벌을 키운다는 건 벌들이 먹을 꽃, 식물까지 함께 돌보는 일이에요.
벌을 키우겠다고 결심한 순간부터 우리는 꽃을 키우기 시작했어요.
옥상이랑 운동장, 화단에 벌들이 좋아할 식물들을 심었지요.

벌들이 호박꽃을 얼마나 좋아하는지 아시나요?
호박꽃도 벌들을 좋아해요.
벌이 날아다니면서 꽃가루를 옮겨 주지 않으면
암꽃과 수꽃이 만날 수 없고, 그러면 열매도 맺을 수 없거든요.
사과도, 수박도, 오이도, 고추도 다 그래요.
꽃은 꿀과 꽃가루를 주고, 벌은 꽃들에게 열매를 주지요.

우리 학교 벌들은 봄에는 유채꽃밭과 자운영꽃밭에서,
여름에는 학교 텃밭에서,
가을에는 운동장 한켠 메밀밭에서 붕붕 윙윙!

벌들이 부르는 노랫소리가 들려요.
나도 같이 신이 나요.

도라지 꽃   해바라기

주르륵 주르륵 꿀비가 내려요

꿀벌들이 주는 것 중에 최고는 꿀이에요.
채밀기에 벌집을 넣고 드르륵 돌린 뒤
마개를 열면 꿀이 주르륵 주르륵 쏟아져요.
향긋한 꿀비가 내리는 걸 보는 기분이란!
이 달콤한 꿀을 보면 사람들이 엄청 좋아하겠지요?

아! 벌집을 통째로 잘라 입에 쏙 넣어도 돼요.
밀랍은 뱉어 내야 하지만요.

채밀기
벌집을 통째로 걸러서 꿀을 먹기도 하지만, 이런 채밀기를 쓰기도 해요. 찌꺼기를 거를 때 쓸 체나 망도 필요해요.

우리가 함께 만든 꿀 이름은?

우리는 꿀 이름을 뭘로 하면 좋을까 의논했어요.
이 꿀을 먹으면 행복해지라고 "행복꿀",
사랑하는 마음이 생기라고 "사랑꿀"로 이름을 정했어요.

꿀을 담을 깨끗한 병을 준비하고, 직접 만든 상표도 붙였어요.
꿀값을 얼마로 매길지도 의논했어요.
그동안 우리가 들인 시간, 노력에 값을 매기는 것이 쉽지는 않았어요.
수학 공부보다 어려웠지만, 몇 배 더 즐거웠답니다.

달콤한 꿀 잔치가 열렸어요

꿀 말고도 꿀벌들이 주는 선물은 참 많아요.
어둠을 밝혀 주는 밀랍 양초,
여왕벌의 특별식 로열젤리,
감기 걸렸을 때 먹으면 신기하게 잘 듣는 프로폴리스*까지!

꿀벌들이 준 선물이랑 우리가 양봉하면서 보낸 시간들을
한데 펼쳐 놓고 잔치를 열어요.
얼마나 기쁘고, 자랑스러운지 몰라요.
다함께 나눠 먹는 꿀은 정말이지 꿀맛이에요!

✱ 프로폴리스: 나무에서 나오는 끈적끈적한 물질을 모아서 만든다. 벌들은 벌집 틈을 막을 때 쓰는데, 살균과 항균 작용이 탁월해서 건강식품으로 많이 찾는다.

9월의 양봉 일지

벌들의 식량이 충분한지 살펴야 하는 때다.
벌들이 점점 추워지는 날씨에 잘 대비했는지, 도와줄 건 없는지도 살펴야 한다.
벌집 지붕에 어떤 보온재를 설치할지도 결정해야 한다.
천을 덮어 줄까? 아니면 스티로폼을 덧대 줄까?
보기에도 예쁘면 좋겠는데…….
아무래도 미술반 친구들 도움을 좀 받아야 할 것 같다.

우와!
역시, 미술반!

10 월의 양봉 일지

〈서울시 보건환경연구원〉에서 우리가 거둔 꿀 성분 가운데
해로운 게 들어 있지 않은지 검사도 해 주시고,
우리가 하는 일을 아주 기특하게 보아 주셨다.
도시에서 딴 꿀이라고 하면 다들 "안전한 거야?" 하고 묻는다.
우리가 거둔 벌꿀은 깜짝 놀랄 정도로 성분이 깨끗하다.
꿀벌들이 꿀을 소화시켜 내놓는 과정에서 해로운 성분들은 모두 걸러진 것 같다.
오히려 도시보다 농약을 많이 치는 시골에서 얻은 꿀을 더 걱정해야 한단다.

겨울이 오기 전에 식량이 충분한지 살피고 응애도 모두 잡아 주었다.
겨울바람에 벌통 지붕이 날아가지 않도록
지붕 위에 벽돌이나 무거운 돌을 올려놓는 것을 잊으면 안 된다.
쓰지 않는 장비들은 내년을 위해 잘 닦아서 창고에 가지런히 넣어 둬야지.

겨울에도 쉬지 않아요

겨울방학이에요.
벌들은 날씨가 추워지면 겨울잠을 자지만,
벌을 돌보는 우리들은 겨울에도 잘 수 없어요.

학교 텃밭에 어떤 꽃을 더 심을지,
무슨 나무를 어디에 더 심을지,
선생님과 의논해요.

"벌들아, 겨울 동안 잘 먹고 잘 쉬렴!"

뿌직 뿌직 똥 폭탄!

이렇게 봄을 기다렸던 적이 또 있을까요!
한낮 온도가 10도를 넘기 시작하면 벌들을 언제 깨울지 의논해요.

아, 벌들을 깨울 때 샛노란 똥 폭탄을 조심해야 해요.
벌통 안에서 지내는 겨울 동안 똥을 꾹꾹 참고 있다가
한꺼번에 날아오르면서 뿌직 뿌지직!

우리 꿀벌들이 첫 비행을 할 때 하필이면 거기 문방구 할아버지 새 차가 있었지 뭐예요.
"니들 집만 깨끗하면 되고, 내 차는 더러워져도 상관없냐!"
할아버지께 백배 사죄하고 벌들이 열심히 모은 꿀 한 병 가져다 드렸어요.
다행히 기분이 좀 풀리신 것 같았어요.

벌들아, 건강하게 겨울을 잘 보냈구나!
고마워!
올해도 잘 부탁해~.

시원해~♪

11월부터 1월까지의 양봉 일지

11월부터는 벌통 보온에 신경을 쓰기 시작한다.
12월부터 2월까지는 벌들이 춥지 않은지만 잘 살펴보면 된다.
날이 추우면 벌들도 거의 안 움직이니 꿀도 많이 안 먹는다.
그래도 식량이 부족하지 않은지 가끔 살펴봐야 한다.

전문적으로 양봉하는 분들은 1월,
그러니까 여왕벌이 알을 낳기 전에, 응애를 몽땅 없앨 수 있는 옥살산이란 약을 뿌린다.
아무리 꿀벌을 못살게 구는 진드기라고는 해도, 생명을 죽이는 게 옳은 일일까.
그래도 꿀벌을 지키는 것이 우선이니까 어쩔 수 없겠지.
우리는 독성이 없는 코코넛오일이나 유칼립투스오일을 쓴다.
100대 1 정도 비율로 물에 섞어서 벌통에 넣어 주면 된다.

2월의 양봉 일지

봄이 되어 벌들이 활동을 바로 시작하게 하려면 미리 꿀을 조금 주는 게 좋다.
벌이 먹을 꿀이 넉넉히 남아 있다면 굳이 그럴 필요 없다.

벌통 입구가 죽은 벌들로 막혀 있지 않은지도 확인해야 한다.
추울까 봐 꽁꽁 싸매 둔 벌통 입구가 막혀 있다면, 꿀벌들이 답답해서 죽을 수도 있다.

아, 그리고 똥 폭탄을 위한 변명.
벌들의 첫 비행 때 뿌리는 노란 똥이 '폭탄'처럼 어마어마해 보일 수도 있지만,
사실 도시 꿀벌은 많은 수가 모여 있는 게 아니라서
똥이 '폭탄'처럼 쏟아지는 일은 거의 없다.

꿀벌, 지구를 지키는 영웅

꿀벌과 함께 지내면서 알게 된 사실!
전 세계 식량 식물의 3분의 1 정도가 꿀벌 덕분에 열매를 맺을 수 있대요.
꿀벌이 없으면 사과도, 수박도, 양파도, 콩도, 고추도 먹을 수 없을 거예요.

꿀벌은 지구 생태계를 지키는 영웅들이에요.
꿀벌을 지키는 건 우리 생명을 지키는 일이에요.
우리는 꿀벌과 함께 자라요. 우리 모두 꿀벌과 함께 살아요.

이 책을 함께 보는 어른들께

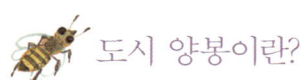 도시 양봉이란?

양봉은 시골에서 이루어지는 특별한 일이라고 생각하는 분들이 많습니다. 그런데 놀라운 사실은요, 시골보다 도시가 오히려 꿀을 얻을 수 있는 식물이 더 다양하다는 거예요. 시골은 팔기 위한 농산물을 대량으로, 단일하게 재배하는 일이 많으니까요. 시골 꿀벌보다 도시 꿀벌이 농약 피해도 덜 입지요. 게다가 겨울에도 기온이 높아서 겨울 생존율도 높고, 꿀도 오히려 더 많이 얻을 수 있어요.

도시에서 얻은 꿀이라고 하면 대기오염, 매연 같은 걸 먼저 떠올리는 분들 많지요? 꿀벌들이 해로운 건 절대로 꿀에 들어가지 않게 하니까 걱정 마세요. 도시에서 얻은 꿀의 성분도 당연히 검사해 보았지요! 아무 걱정 안 해도 된답니다.

사람들이 많이 살아가는 도시일수록 건강한 자연 생태계를 잘 관리해야 해요. 그러려면 꿀벌의 역할이 절대적이지요. 꿀벌이 도시에서 살고 있다는 건 그만큼 생태계가 건강하다는 증거랍니다. "지구상에서 꿀벌이 사라지면 4년 안에 우리 인간도 사라지게 될 것이다."는 아인슈타인의 무서운 경고는 이미 많은 분들이 알고 있는 말이 되었습니다. 꿀벌이 없어진다면 우리 밥상이 얼마나 가난해질까요?

도시에서 벌을 키우는 사람은 생각보다 많아요. 이미 일본의 긴자, 홍콩, 덴마크, 미국의 뉴욕 같은 대도시에서 도시 양봉이 성공적으로 이루어지고 있습니다.

국내에서는 〈어반비즈서울〉이 수도권 30여 곳에서 도시 양봉을 진행하고 있지요. 씩씩하고 용감한 도시 양봉가를 길러 내고, 꿀벌이 꿀을 딸 수 있는 다양한 식물을 심는 일에 힘쓰고 있습니다. 농약이나 항생제, 설탕을 조금도 쓰지 않고, 꿀벌들이 정성껏 만든 꿀 그대로를 사람들에게 선보이려고 하지요.
도시 양봉, 지구를 구할 달콤한 취미랍니다!

초등학생이 벌을 키우면 뭐가 좋지?

아이들은 꿀벌을 만나기만 하면 그 매력에 풍덩 빠져들어요. 편견 없이, 두려움 없이 벌을 있는 그대로 사랑하게 되지요. 벌통 하나에는 벌이 1~2만 마리쯤 들어 있어요. 이 수많은 벌들이 다투지 않고, 각자 맡은 일을 열심히 해 나가는 모습은 참으로 감동적이에요. 아이들은 벌들의 각기 다른 임무에 대해서도 쉽고 빠르게 이해해요. 집단생활을 하는 벌들을 통해 전체 사회 속에서 자신의 위치와 역할은 무엇일지 고민해 보는 계기가 되지요. 벌들을 보면 자신이 무수한 무리들 속의 하나임을 깨닫게 되거든요.

또 아이들 심리 치료에도 큰 도움을 준답니다. 실제로 영국의 어린이 양봉은 정서 장애를 겪는 아이들, 심리 불안을 안고 있던 아이들에게 좋은 효과를 보여 줬다고 해요. 산만하고 정신없던 아이들이 조용히 벌 무리의 날개 합창을 듣는 장면을 목격하는 일은 큰 감동이랍니다. 책임감 없고 폭력적이던 아이들도 벌들을 돌보면서 평화롭고 다정한 마음을 길어올릴 수 있어요.
아이들은 꿀벌들이 죽지 않도록 돌보는 일을 통해, 다른 생명과 공감하고 배려하는 자세 또한 자연스럽게 기를 수 있어요.
꾸준히 날마다 관찰하고 기록하면서 계획하고 준비하는 태도 또한 저절로 몸에 익힐 수 있답니다.

무엇보다 꿀벌을 돌보면서 여러 가지 활동을 함께할 수 있어서 좋아요. 벌통을 설계하고 바깥 모양을 고민하고, 꿀 포장지를 디자인하는 활동을 통해 생활 예술을 맛볼 수 있어요. 분봉 포스터를 그리거나 벌을 소재로 시를 쓰거나, 간단한 장난감을 만들어 보는 것도 재미난 활동이지요. 직접 거둔 꿀로 요리를 만들어 보고, 그 요리를 나누어 먹는 일 또한 더없는 기쁨을 줍니다.

꿀을 포장하고 주변 사람들에게 나누어 주거나 판매할 수도 있어요. 얼마가 적당한 값일지, 자신의 노동과 꿀벌들의 경제적 가치를 가늠해 보는 경험은 경제 수업이 따로 필요 없는 귀한 시간입니다.

사람들을 초대해 꿀 잔치를 벌이고, 그 수익금을 좋은 일에 쓰고 나면 꿀벌과 함께한 1분 1초가 다 귀하게 여겨집니다. 이보다 더 좋은 통합 교육은 없을 거예요!

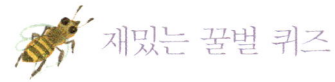 재밌는 꿀벌 퀴즈

가로

① 집 짓고, 꿀 따고, 많은 일을 하는 벌이에요.
② 대표적인 봄꽃. 여의도 ○○ 축제가 유명해요.
③ 벌은 몸이 머리, ○○, 배로 이루어져요.
④ 꿀벌의 몸에 붙어 괴롭히는 작은 벌레예요.
⑤ 벌들이 사는 집이에요.

세로

⑥ 날마다 알을 열심히 낳는 벌이에요.
⑦ 꽃의 수술에 많이 붙어 있어요. 벌들이 옮겨 줘요.
⑧ 벌집을 만들기 위해 꿀벌이 만드는 거예요.
⑨ 알에서 나온 후 아직 다 자라지 않았어요.
⑩ 벌들이 숨기고 있는 무기예요. 쏘이면 아파요.

정답 ① 일벌 ② 벚꽃 ③ 가슴 ④ 응애 ⑤ 벌집 ⑥ 여왕벌 ⑦ 꽃가루 ⑧ 밀랍 ⑨ 애벌레 ⑩ 침

내 맘대로 알록달록 색칠해 봐요

🐝 귀여운 꿀벌 인형 만들기

손가락에 끼울 수 있게 종이를 동그랗게 오려 색칠을 하고, 말아 보세요. 어떤 모양으로 만들든, 어떤 색으로 칠하든, 어떤 재료를 선택하든 아무 상관없어요. 손가락에 작은 벌 인형을 만들어 씌우고 스스로 벌이 되어 꽃밭으로 날아가 보세요. 친구들과 함께 꿀을 따고, 꽃가루를 나르고, 벌춤을 추다 보면 벌들이 한 층 가깝게 느껴지겠지요.

🐝 예쁜 밀랍 양초 만들기

꿀벌이 선물해 준 노랗고 예쁜 밀랍 가운데에 심지를 넣고 도르르르 말아 보세요. 원뿔 모양으로 말아도 되고, 보통 양초처럼 말아도 좋아요. 밀랍 양초는 파라핀으로 만든 양초보다 그을음도 적고, 고약한 냄새도 나지 않아요.
촛불을 켜 놓고 벌에 관한 시를 써 보는 것도 좋겠지요!

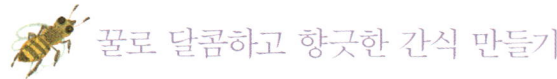 꿀로 달콤하고 향긋한 간식 만들기

과일 꿀 스무디
준비물 딸기, 바나나, 요구르트, 차가운 우유, 꿀

❶ 먼저 손을 깨끗이 씻어요.

❷ 과일과 꿀을 믹서에 넣고 30초쯤 돌려요.

❸ 우유와 요구르트를 더 붓고 30초만 더 돌려요.

❹ 유리잔에 따라서 시원하게 마셔요!

꿀 비스킷
준비물 밀가루, 버터, 설탕, 꿀, 계란 노른자, 계피 가루, 베이킹 파우더, 소금, 바닐라액

❶ 먼저 손을 깨끗이 씻어요.

❷ 오븐 온도를 175도에 맞춰 데워 놓아요. 반드시 어른과 함께 하세요.

❸ 버터에 꿀과 소금, 바닐라액을 넣고 살짝 섞어요.

❹ 체에 친 밀가루와 베이킹파우더를 넣어 섞은 뒤 반죽 덩어리를 냉장고에 넣어 둬요.

❺ 반죽을 꺼내 납작하고 도톰하게 밀어요.

❻ 비스킷 모양을 마음껏 만들어 봐요. 틀을 써도 좋고요.

❼ 오븐에서 12분쯤 구우면 바삭바삭 꿀 비스킷 완성!

기획 어반비즈서울
서울에서 꿀벌을 키우는 유쾌한 도시 양봉가들입니다. 꿀벌의 가치를 사람들에게 알리고 사람, 꿀벌, 환경이 공존할 수 있는
도시를 만들기 위해 다양한 활동을 하고 있습니다. 《우리 유치원에는 꿀벌이 살아요》와 《우리는 꿀벌과 함께 자라요》를 기획하고
진행하는 데 큰 도움을 주셨습니다.
www.urbanbeesseoul.com

그림 김도아
일상에서 보고 느낀 것들을 그림으로 표현하는 것을 좋아합니다.
쓰고 그린 책으로 《살랑살랑 봄바람이 인사해요》가 있고, 그림책 《흰민들레 소식》, 《음악은 마술 같아요》, 《냄새 잡는 특공대,
출동!》, 어린이 책 《가자, 고구려로!》, 《숭례문을 지켜라》, 《옥쟁이 찬두》, 《이유는 백만 가지》 들에 그림을 그렸습니다.
이 책은 '김도아'라는 이름으로 그림을 그린 첫 그림책입니다. 앞으로는 눈에 보이는 풍경은 물론 마음에 담아온 풍경과
이야기들을 그림책으로 풀어내 볼 예정입니다.

글 김단비
어린이 책 만드는 편집자이면서 글도 쓰면서 지냅니다.
쓴 책으로는 《우리 마을 소방관은 매일 심심해》 등 〈심심한 마을〉 시리즈, 《찔레 먹고 똥이 뿌지직!》, 《나무 심으러 몽골에
간다고요?》, 《누가 우리 아빠 좀 말려 줘요!》, 《내 친구 몽실이》 등이 있습니다.